amar después de leer

esteban belmonte

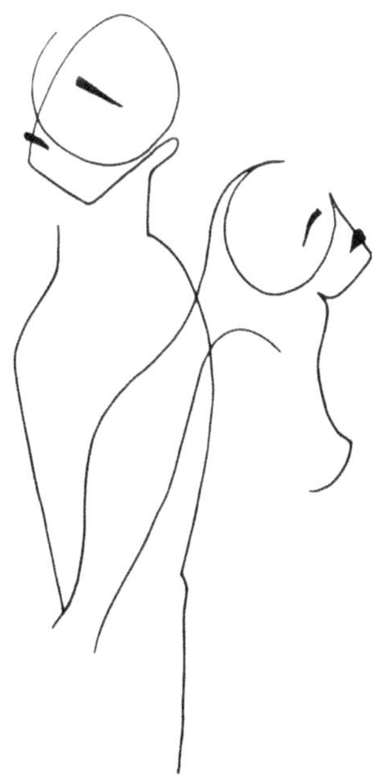

Amar después de leer

© Esteban Belmonte Serrano
© Marina Sánchez, por las ilustraciones

Segunda Edición - Amazon Kindle Publishing: 2021

Dep. Legal: AB 267-2018
ISBN: 978-84-09-01904-5

amar después de leer

esteban belmonte

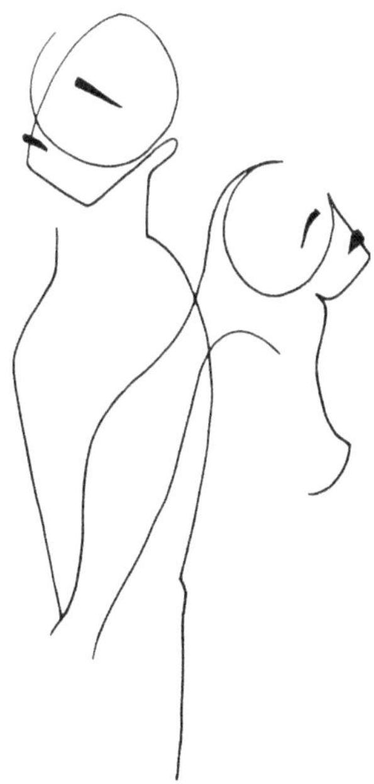

Toda historia de amor
debería concluir en un poema.

Algunas personas nacen para ser felices. Nacen para hacer un trabajo, para dejar un legado en la vida. Algunas personas nacen para cuidar la naturaleza, para cuidar pájaros, perros, gatos y peces naranjas en pequeñas peceras. Algunas personas nacen para diseccionar muertos, para salvar con su bisturí una vida cada día.

Algunas personas nacen sin pensarlo, sin entender por qué ni para qué. Algunas personas adquieren un compromiso en la vida, con su destino, con otra persona, con un lugar. Hay quienes nacen para ser queridos, quienes nacen para ser odiados, quienes nacen para ser incomprendidos.

Algunas personas nacen ya olvidadas. Otras, en cambio, serán inolvidables.

Algunas personas hacen de este mundo un lugar mejor. Hay quien nace para ser eterno, quien nace para curar cicatrices, quien sueña más que vive y quien vive sin sueños.

Algunas personas nacen para dar su vida por alguien.

Algunas personas nacen sin felicidad, sin compasión, sin seguridad, sin un motivo certero por el cual respirar.

Algunas personas nacen para la política, la retórica, la farmacia o el diseño. Algunas personas nacen creativas; otras, en cambio, nacen por aburrimiento.

Hay muchas formas de nacer. Yo nací para que tú me rompieras el corazón.

índice

Defiendo
el derecho a amar
sin saber a quién.

¿A dónde van
todas las personas
que no nos corresponden?

Porque no nos estamos
encontrando.

Tanto ordenar mi vida
día a día para que de repente
llegue alguien
y me lo desordene todo
con solo decir
hola.

Si una noche cualquiera
pasas por mi lado y
por ejemplo,
decides saludarme,
entonces yo te regalaré,
por necesidad,
el resto de mi vida.

Por qué te estoy esperando.

No puedo escribir de dolor
si no lo vivo.

Déjame vivirte.

He vivido la mitad de mi vida
y todavía no te he conocido.
He perdido yo solo
el tiempo que he vivido.

Apareces ante mí
como un amor que crece
por debajo del pecho.
Para mi corazón basta.

Te pareces al mundo
en lo que el mundo es
como yo lo veo
cuando estoy contigo.

Amas sin mirar,
como los amores ciegos,
sin abrir los ojos
para mirar adentro,
donde somos quienes somos
cuando nadie nos mira.

Besas como quien besa
por primera vez
por debajo de mi piel.
Donde nadie me besa.

Porque lo nuestro nunca será fácil.
Tenemos la obligación y el placer
de ser el único amor inolvidable
de todos los amores olvidables.

Si lees esto
antes de conocernos,
Espérame. Yo ya llevo
la mitad de mi vida
esperándote.

Por qué te quiero tanto
si todavía no
te he conocido.

Si estás leyendo esto: *juégatela.*
Juégatela a muerte,
juégatela a vida, a destino,
a casualidad, a este momento.

Fíalo todo a una sola carta.
Déjame ser ese dos de corazones.
Pierde todo en una sola partida
y pártete el corazón por mí,
por quien sea, pero siempre,
siempre hazlo por ti.

Porque si pierdes, yo te ayudo
a superarlo, a aceptarlo.
Porque si ganas, yo celebro
contigo, a tu lado.

Porque yo también apuesto por ti.
Porque no eres una apuesta segura
pero eres seguro la mejor
apuesta de mi vida.

Yo quería escribir sobre mi vida
pero me ha sido imposible hacerlo
sin incluirte en ella.

El poema de mi vida.

Claro que no he vivido.
Te esperaba a ti para vivir.

Después de todo
eras tú.
Cómo no intentarlo.

¿Es el corazón
o estoy yo
del revés?

The Upside Down.

La cama era una isla
y yo nadaba solo
por el océano de tu interior.

No sabía lo que era una caricia
hasta que vi tus manos.

El arte de acariciar.

Di mi nombre
en voz bajita o susurrando.

Di mi nombre
a pulmón abierto, a viva voz.

Di mi nombre
en este idioma o en otro.

Di mi nombre
una sola vez o mil veces más.

Di mi nombre
como te dé la gana.

Porque cada vez que dices mi nombre
no lo dices igual que la anterior,
y nadie lo dice como tú.

Cada vez que me nombras
algo dentro de mí vuelve a nacer.

Dices mi nombre
y me vuelvo especial.

Dices mi nombre
y entonces sé que no dices
el de todos los demás.

Solo somos tú y yo
desde tu boca, desde
lo más profundo de tu boca
y esta absurda sensación
de que si dices mi nombre
soy mejor que los demás.

Escucho tu voz
y dentro de mí
ya no llueve.

Me muero de sed
por cada una
de tus lágrimas.

Spoiler:

al final no me quieres.

El amor tiene nombre,
localización GPS
y hoja de ruta.

Encuéntrame.

Puede que lo que estemos haciendo
no vaya a ninguna parte.
Pero qué hermoso es
ir contigo a ninguna parte.

He discutido con el cartero.

Dice que no puede encontrar
tu corazón sin un código postal.

El mundo no está hecho
para que tú y yo
estemos juntos.

Vámonos de este planeta.

No sé
hasta dónde
hay que llegar.
Pero quiero
llegar allí.
Contigo.

Llevo todo el día mirándote.

Excepto cuando duermes.

Cuando duermo te miro
con los ojos cerrados.

Yo no quiero tocar el cielo
con la punta de los dedos.
Quiero tocar los dedos de tus pies,
que es exactamente lo mismo
que tocar el cielo.

Para que tú y yo nos entendamos
necesito que sepas antes
lo mucho que he perdido.

Pero no temas, amor.
He aprendido la lección.
Más vale pájaro en mano
que volar sin ti.

No hay premio por mirarte.
Mirarte es el premio.

La ruleta de la fortuna.

Iba a echar la lotería.
Pero todavía no me convence
ningún futuro.

Una nación de uno solo.
¿Es así tu país?
¿Duele? ¿Se respira bien allí?
¿Funciona con trueque?
¿Es un país zurdo?
¿Cuánta rodillas tiene?
¿Por qué no me dejas pasar?

Los límites de mi patria
son las paredes de mi corazón.
Siéntete libre de entrar
por cualquier ventrículo
y deja que tu sangre corra
libre por mis venas.

Yo creo que el mundo entero es
como un gigantesco puzle
y solo se va a completar
cuando tú y yo nos abracemos.

Por mucho que conozca el bosque,
el bosque nunca me conocerá a mí.

El bosque de tus ojos.

La paz interior está
en no deberse nada
a uno mismo.

No te preocupes
por esa piedra
en el camino.
Incluso esa piedra
te necesita más
que tú a ella.

¿Qué buscamos en el Amor?

Yo he aprendido que no busco a una persona que sienta al mismo nivel, sino a alguien que me complete, que me desborde, alguien a quien admire, por quien proclame victoria, alguien con la *A* mayúscula, que me vuelva adicto, competitivo, creativo y exigente. Que no me acomode, que no me *arrutine*. Una persona que me devore diariamente y que nunca sea suficiente. Necesito a alguien que tenga urgencia por vivir y que sepa mostrarme su vida, sus éxitos, sus innumerables fracasos, su falta de moralidad y de vergüenza, que me lo dé todo porque le apetece y no porque me lo merezca. Un ser humano ordinario lleno de errores que se coloquen con un perfecto engranaje en el cuadro de fallos de mi vida. Y que, en definitiva, sea alguien que no necesite darme la mano por la calle porque mi cuerpo se sostenga con su sola mirada.

Te van a decir que no sirves para ello.
Te van a decir que no tenías
la preparación adecuada.
Te van a decir que no te lo mereces,
que no has luchado lo suficiente,
que otros se desviven por ello,
que otros se mueren por conseguirlo.
Te van a decir que no eres nadie
y que jamás lo vas a ser.
Te van a decir que te dediques a otra cosa.
Te van a exigir que abandones,
que te rindas, que abraces la derrota,
que aceptes que hay cosas
para las que no naciste.
Te van a demostrar por activa y por pasiva
que no tienes la motivación correcta,
que no comprendes el sacrificio,
que ellos saben de ti más que tú.
Te van a otorgar la duda
antes de que pronuncies una palabra.

Te van a humillar, te van a destruir,
te van a hacer cavar tu propia fosa,
te van a quitar todo por lo que luchas,
te van a decir que no es tu destino,
te van a decir que no puedes hacerlo.

Pero que te quede bien clara una cosa:
tú vales mucho más que todo eso.

Ama como te dé la gana
y haz que valga la pena.

La cama era una playa
de sábanas entre nosotros.
No sé por qué no quisiste
remar a mi orilla.

Antes
es muy tarde
para donde tú y yo
hemos llegado.

boca

No puedes pasar
por mi derecha,
ni por mi izquierda,
ni por detrás de mí.
Para seguir adelante
tendrás que pasar
por donde siempre:
por dentro de mí.

Me recuerdas a alguien.
Así supe que nunca sería
su primer amor.
Pero todavía me quedaba
ser el amor de su vida.
Porque yo no quería
recordarle a alguien.
Yo necesito que todo
le recuerde a mí.

Me recuerdas al amor.

No quiero existir
en un mundo donde
tú pronuncies mi nombre
como pronuncias
el resto de nombres.

Los diez segundos
antes de dar
el primer beso.

Ese beso.

beso

No te lo voy a decir más veces.
Esa fue la primera vez que me lo dijo.

Formas de decir te quiero.

Tienes
una cara
hecha
para sonreír.

Esa noche fue la primera vez
en la que tú y yo
estábamos en una fiesta
llena de gente
y en verdad solo estábamos
tú y yo.

Nuestra primera noche juntos.

Qué tengo que hacer
para amarme tanto
como a ti.

Necesito
que me necesites.

No me cuentes tu vida.
Mejor invéntala conmigo.

Si lees esto:
yo también te quiero.

Nota en la nevera.

Puedo decirte
que te quiero sin saberlo,
y puedo saber que te quiero
y no decirlo.
El amor es algo
que todo el mundo sabe
pero que no sabe que lo sabe.

Solo son nuestros corazones pero,
si los juntas, son mucho más
que dos corazones.

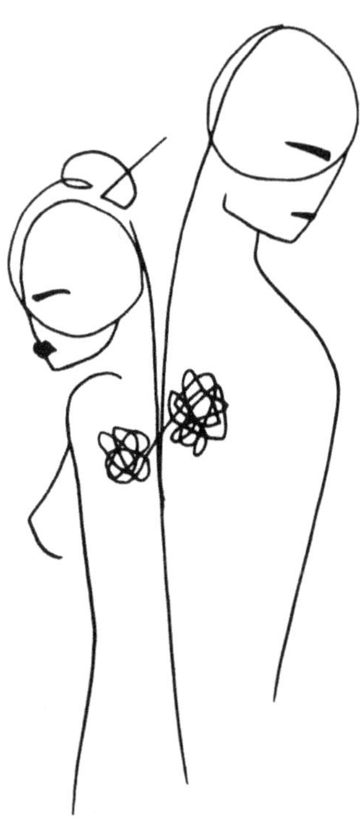

Cualquiera* puede
controlar el amor.

Excepto el que lo siente.

Tengo cosquillas
en cualquier parte
de tu cuerpo.
Es tocarte y sonrío.

Solo concibo la teoría del Big Bang
cuando, al verte, confirmo
que ha nacido una estrella.

El universo de tus ojos.

Para odiarla
os necesito a todos.
Para amarla
me basto yo solo.

Puedes cambiar el mundo
Solo con dar un beso.

No es por el beso.
Es por la persona
en la que me conviertes.

Me han besado
más veces de las que merezco
y menos de las que necesito.

El amor es perfecto.
Tú, no.
Esa es la gracia
del chiste.

¿Te vas a terminar
esa mirada?

El hambre de tus ojos.

Dejo mi corazón
herméticamente
abierto para ti.

Te echo de menos.
Primer aviso.

No se me da bien vivir.
Pero sé morir por alguien.

No me quieras tanto
y cree en mí.
El amor es
un acto de fe.

Bajo nosotros:
el cielo.

Hablar de ti es hacer
apología a la belleza.

Para mi siguiente truco
necesito que me quieras.

La *Nasa* necesitó
un cohete espacial
tripulado por tres
astronautas y un perro.
Yo tengo la convicción
de que, si te beso,
puedo llegar a la luna

Me encanta hablar,
perderme en conversaciones
con personas anónimas
con las que me topo en el metro,
a las que disecciono con palabras
y me cuentan sus vidas
y les cuento la mía.
Hablar de *blablablá*,
hablar del tiempo, de *jijí jajá*,
de los políticos que nos roban,
de cómo cansa el trabajo,
ojalá dejarlo algún día.
Hablar después del gimnasio,
hablar antes de la cena,
hablar por hablar
y al llegar a la cama, no hablar.

No cambio un silencio contigo
por una conversación con cualquiera.

Solo la conocí una noche.
apenas cuatro horas.
Pero sabía de qué color eran
sus ojos a cada hora.

La noche de sus ojos.

Eres de sonrisa útil.
Me salvas cada día.

No soy ambicioso.
No necesito mucho más.
Yo ya tengo mi lugar
en tu mundo.

Un poco de ti es mucho para mí.

Con lo pequeño que es el corazón,
apenas el puño de la mano,
y lo grande que me haces sentir.

Cuando estoy a tu lado.

Es verte
y distinguir de golpe
la diferencia entre
tener prisa
y tener miedo.

Cómo es posible
que el mundo se pare
cuando tú bailas.

Love me tender.

Principio de vulnerabilidad:
mirar a los ojos a una persona
y sentirte desnudo.

Confía en mí.
Si los dos saltamos
nos perseguirán las alas.

Desde que estás tú
dentro de mi piel
ya no quepo.
En mi cuerpo no
hay sitio para dos
y seamos sinceros:
te prefiero a ti.

¿Por qué estás conmigo?

Porque necesito estar solo
y no quiero darme ese placer.

El amor tiene dos caras:
la tuya   y la mía.

Hay sueños que solo se cumplen
con los ojos abiertos.

Si pestañeo, podrías desaparecer.

Dime que no me quieres,
pero no me mientas.
Lo único que necesito
es creer en algo,
aunque sea en la derrota.

La derrota de tus ojos.

Ese momento exacto
en el que te quedas
sin aire en todo el cuerpo
y por mucho que lo intentas
no consigues respirar.

No es fácil enamorarse con un beso.
Uno debe quedarse sin aliento.

Exprimía la naranja
mientras entrelazaba
su pelo a la oreja.
Después mordía la cáscara
de la naranja recién exprimida
y yo también sentía
acidez en la boca.
Que nadie diga nunca
que ella y yo no
estábamos conectados.

Cuando nos besamos
es nuestro corazón el que habla.
Le damos forma de saliva
a las palabras que sentimos
y habitamos la lengua del otro
como dos olas en la orilla.

Si me caigo siete veces
no me levanto ni una sola
si en tus brazos caigo.

miedo

Si te marchas,
no solo te marchas tú,
también se marcha
el amor de mi vida.

Si te marchas,
una parte de mí
también se irá.
Contigo.

Nada como besar un corazón
para perder la razón.

Estás triste. Lo noto
en cómo miras el suelo.
Algo dentro de ti
se ha roto y no sabes qué es
ni cómo recomponerlo.
Sólo sientes esta tristeza
honda y esdrújula, difícil e intangible.
Te abrazas los hombros
buscando quererte.
Pero no funciona.
Porque tu tristeza no tiene tacto,
ni te cabe en el cuerpo.
Tu corazón se ha convertido
en un contenedor de lágrimas
y tú tragas saliva para administrar
el agua de tu interior.
Estás triste. Lo sé. Y yo
también lo estoy.

Ojalá reparar tus ojos
de vidrio y hierba mojada. Ojalá
poder ver crecer de nuevo la primavera
en el océano de hojas de tu mirada.

Ojalá verano en nuestras bocas,
las dos en paralelo, cada una rota de risa.

Ojalá crear París desde tu nuca
y ver escaparse la ciudad por el horizonte,
pasando por tu boca.

Ojalá recuerdes lo fácil que es ser feliz,
porque para mí es simple:
solo te necesito a mi lado.

Los nudos en el estómago.
La adrenalina en el pecho.
Los calambres por la garganta.
La voz seca y cortada.
Mi cuerpo me está diciendo
que me vas a abandonar,
pero son mis ojos
los que te tienen delante
y me piden que luche
por esta última mirada.

Haces
que mi cuerpo
esté vivo.
No lo rompas.

Es el viento quien te toca
pero es mi boca quien lo crea.

El aire que respiro.

No me asusta confiar en ti.
He confiado ciegamente
en muchas otras personas
otras muchas veces.
Lo que me aterra
es que tú confíes en mí.
No puedo responsabilizarme
de estar a la altura
de lo que tú te mereces.

La parte que te toca.

No tengo miedo a perderte.
Pierdo la señal de *wifi* cada día
y tampoco pierdo tanto.

He escrito tanto sobre ti
que puedes encontrar tu historia
en las páginas de *Google*.

Todos los blogs hablan de ti.

Mi voz interior
es otra persona.

Hola, Siri.

Yo antes te habría dicho *hola*.
Ahora te busco por Facebook.
Te doy *like* en Instagram,
miro de reojo por Linkedin
si estudias o trabajas
y por Twitter te pregunto
¿cómo va eso?

Pero *eso* podríamos haber sido
tú y yo si yo
le hubiera echado huevos
para simplemente decirte *hola*.
Y no es por ti; es Tinder.

***¿Y si, en vez de un like
probamos a decir hola?***

Mi miedo es tan triste
como *Netflix* en una cama
para dos sin ti.

Me gustan las caídas
porque me dan la posibilidad
de tumbarme contigo.

Se ha caído la señal.

Ha sido más difícil
borrar lo que te quería
escribir, que escribir
lo que no sabía decirte.

No tienes un e-mail.

De algunas personas se sale.
A otras ni siquiera se puede entrar.

Error 404. Acceso denegado.

En mi corazón
hay un idioma
que yo no hablo.

Buscar en Google Translator.

¿Qué buscamos en el amor
que nunca lo encontramos
en nosotros mismos?

El amor propio: ese profundo desamor.

El modo en el que miras a alguien
cuando el avión va a caer y tú
estás en el asiento E30.
Así quiero que me mires.

Tú y yo estamos rompiendo.

Cómo no vas a conocer
todos mis puntos débiles
si tú los creaste todos.

Hay algo peor que recordar
lo que ya no tienes:
imaginarlo,
porque nunca fue tuyo.

Si coges ida y vuelta,
la vuelta sale más económica.
Así no hay forma de huir.

Renfe no te deja abandonarme.

Estamos en un paréntesis.

No, perdona.
La vida está llena de comas.

algunas
personas
caminamos
despacio
cuando
huimos
porque
tenemos
la esperanza
de ser
alcanzadas.

En la cama hace frío
y no se encuentran mis pies
con los tuyos para dormirse.

No lloro por miedo.
Lloro para que no
se seque mi interior.

Tarde de riego en el jardín.

Mi miedo no es el tiempo: eres tú. Mi miedo es tu carmín en la boca rota de otro hombre, como si pudieras herir a alguien usando algo más que una vieja cicatriz. Mi miedo es el verano que no lleva tu falda a juego con mis dedos, ni el punto oscuro y redondo de tu clítoris cayendo como un garbanzo por las cuencas de mis manos. Mi miedo es luchar por una caricia tuya y no acariciar tu lucha. Mi miedo es no hacerte libre con un beso. Mi miedo es toda la vida que descubres que puedes vivir sin mí y que yo tampoco puedo hacer esto sin ti. Sin ti, no puedo conseguirlo. Mi miedo es tan grande como la Sagrada Familia, tan sin terminar, tan visible desde cualquier parte de cualquier corazón en cualquier calle de Barcelona y de cualquier otra ciudad que me recuerde. Mi miedo es un reloj con una sola aguja esperando a encontrarse con su aguja gemela.

Mi miedo es cualquier capítulo de *Friends* donde tú no seas Rachel ni yo sea Ross. Mi miedo es un Ford Fiesta del 2009 lleno de manchas en los asientos de atrás y ninguna te recuerda. Mi miedo, por ser mío, también te pertenece. Y nos duele a ambos por igual aunque tú no lo sepas. Mi miedo nace de cualquier hombre que pueda conquistarte. Mi miedo nace de cualquier hombre que sepa derrotarme. Mi miedo es una palabra en la punta de la lengua: parece que te quiero, pero no lo parece.

Mi miedo consiste en triunfar en algo en esta vida y no poder compartirlo contigo.

Veo mi derrota y subo la apuesta: tú también saldrás perdiendo.

Dentro de mí
ya no cabemos los dos.

El espacio que puedo dedicarle
al amor a otras personas
ya no es tan grande
como el que necesito
para el amor propio.

Tu voz es
el minuto de oro de la publicidad.
Lo malo es
que la publicidad nos da
siete minutos de oro cada hora
y yo me he pasado a HBO.

Amor. Suscripción de pago.

Estamos hechos de palabras.

Estamos hechos de Netflix, de HBO, de cámaras de fotos Penta con muchos filtros y poco tiempo para comprenderlos. Estamos hechos de libros sin abrir, enciclopedias mal archivadas y cintas VHS donde pone un título pero encima se ha grabado otra historia. Hemos rebobinado la película de nuestros cuerpos para llegar siempre a tiempo al punto en el que nos abrazamos sin condición, justo cuando nos rendimos el uno en el otro y entonces yo te leo *Si el hombre pudiera*, de Cernuda, y tú me hablas de Frida Kahlo como si me importara.

Estamos hechos de sinónimos. La RAE nunca podrá definir lo que tú me haces sentir ni tú tendrás palabras para expresar lo que estamos viviendo juntos.

Estamos hechos de mentiras.

Jamás me gustó tu pulsera de Tous y tú nunca soportaste mis Converse blancas. Ni siquiera te fijaste en que las compré en Primark solo para caerte bien y quizás con eso llevarte a la cama, que por cierto solo medía noventa centímetros de ancho, que para un polvo está bien, pero luego tú también sudas y así no hay quien duerma. Porque lo nuestro es deseo roto. Estamos hechos de los granos que nos vemos en las frentes justo antes de besarnos, ya cuando ninguno de los dos cierra los ojos porque no le importa la magia que perdimos. Pero también somos el boli Bic que te coloco en el pelo y con el que hago una enredadera de pensamientos en tu cabeza, o la almohada arrastrada por el suelo clamando por su vida, empapada en sudor y deseo.

Estamos hechos de polvo.

Somos el mismo aire todo el tiempo, solo que cuando yo lo inhalo, creo ciegamente que viene de ti y que por eso me hago libre. Somos tu media cara hundida en la almohada con la media sonrisa durmiendo en cada uno de tus sueños mientras yo te miro de reojo y ya no sé a quién miro. Advierto entonces que ahí no está lo que busco, tu rostro jamás podrá mostrarme tu profundidad. Lo tuyo es una capa inexplorada y oculta tras el corazón.

Por cierto, en esa cinta VHS sé que pone *Regreso al futuro*, pero nadie sabe que encima tú y yo grabamos todo nuestro pasado.

Tardo menos tiempo
en descargarme nuestros recuerdos
por *WeTransfer* que en pedirte
que me devuelvas todo
lo que te llevaste de mí.

Ojalá pudiera hacer control+Z contigo.

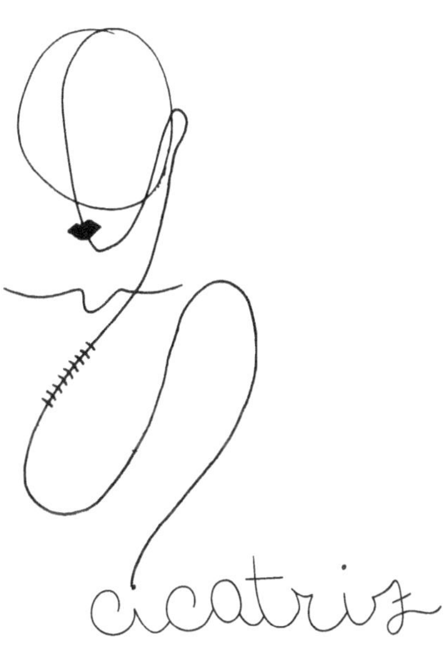

cicatriz

¿Ves esta cicatriz?
Algún día será tuya.

Tiene tu nombre.
La curo: agua oxigenada, Betadine.
La acaricio, le cuento mis cosas.
Le digo que todo saldrá bien,
que no se preocupe,
que me recuerde y piense en mí
como yo pienso en ella.
Se la ve mínima en mi piel,
pero no deja de expandirse por dentro.
Le pido tiempo,
que sepa sufrir, porque va a doler
toda la vida.

Hay una persona dentro de mi cicatriz.

Hay quien suena
a roto por dentro
cuando ríe.

La sonrisa es el espejo roto del alma.

No soy un billete de avión
a cualquier parte.

Yo soy el avión.

Si solo me ibas a dejar tú,
¿por qué también se han ido
todos los días de la semana
menos esta sensación
de domingo por la tarde
con la cama sin hacer
y la casa sin barrer?

Si el trato era que solo tú
me ibas a abandonar,
¿por qué también me abandona
el sol por la mañana
y el paraguas con la lluvia?

Si ambos estábamos de acuerdo
en que lo mejor era que te marcharas,
¿por qué desde que te has ido
todas tienen tu rostro,
estás en todas partes
y yo no voy a ninguna?

Si no puedes estar conmigo
por miedo a perderme,
entonces ya me has perdido.

No es lo mismo
dos almas en pena
que dos penas en el alma.
En una de ellas al menos
estoy contigo.

Hay una sombra dentro de mí.
Es tan larga que llega a tus pies.
Se parece a ti, huele a ti,
su sabor me recuerda
a domingos de otoño.
Pero no puedo tocarla,
apenas puedo contener
esta sombra que hay en mí.
Es tan grande y larga
como el vacío que queda
cuando tú caminas y caminas
y te vas lejos de mí.

Tu alargada sombra.

El corazón a veces
parece una cicatriz,
pero no lo parece.

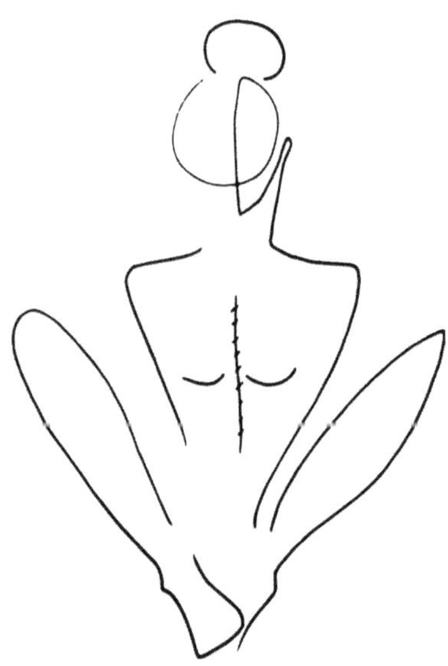

Más difícil que superar
el primer amor es
superar el último.

Recojo la ropa tendida
porque alguien tendrá que recoger
todo lo que has abandonado.

Día de colada.

Yo ya era cementerio
antes de que tú te marcharas.

Soledad es
formar una familia
de un solo individuo.

Me faltas tú.

Que no te duela vernos.
El dolor es cosa mía.

Te veo con otro,
te veo feliz.

Estoy ilusionado por ti.
Desilusionado por nosotros.

Lo que más pena me da
de todo *esto* es que solo
fuimos felices.

Recuerda que,
si no te di
todo lo que tú querías,
al menos te di
lo mejor de mí.

Es fácil ser feliz
por alguien.
Lo difícil es serlo
por uno mismo.

No solo de risa existimos.
También necesitamos llorar
para sentirnos vivos.

Te haces mayor
cuando dejas de creer
en el amor
paar empezar a creer
en las personas.

No es la compañía.
Es la persona.

Echo de menos
lo que **no** pudo ser.

Me he enamorado de la nostalgia:
miro al futuro y solo veo
todo lo que tuve contigo.

¿Existen pastillas
para quienes no
sienten nada?

Por qué eres tan melancólico.

Porque en el pasado tú y yo
seguimos juntos.

Todos tenemos una cicatriz
que habla de nosotros.

Soy la prueba fehaciente
de que se puede vivir
sin un corazón.
Tú me lo rompiste.

Una de las mejores cosas
que he hecho en mi vida
ha sido quererte.

Otra, de las peores cosas
que he hecho en mi vida,
ha sido quererte.

Deberías ver
la cara que pones
cuando te rompen
el corazón.

No te has marchado del todo.
Me queda el dolor de perderte.

El pasado
sin nosotros
no sirve de nada.

Porque ahora eres real
y a mí me aburre la realidad.

Por qué rompimos tú y yo.

No te busques en tus heridas.
Estás en las mías.

Me defino fácilmente
como un *ex alegre*
después de ti.

Son nuestros cuerpos
dos bolsas de aire llenas
de las palabras que no
nos pudimos decir.

Afuera huele a polvo.
Dentro huele a ti.

Te hubiera gustado.

Yo a ti.

Odio llorar.
Lo odio con todas mis lágrimas.

El café de después
de perder al amor de tu vida.

Café solo, por favor.

Si ves a la mujer de mi vida
dile que siento mucho no ser
el hombre de la suya.

El hombre del tiempo
se equivocaba: la tormenta
no está fuera de casa.

Estamos hechos de invierno.
Tú también me dueles.

Tú y yo fuimos una guerra
y nadie se ha preocupado
de rescatar nuestros cuerpos.

Te espero en el pasado.
Porque ningún loco puede
sacar de su cabeza
lo que está dentro
de su corazón.

¿Era guapa?
Era real.

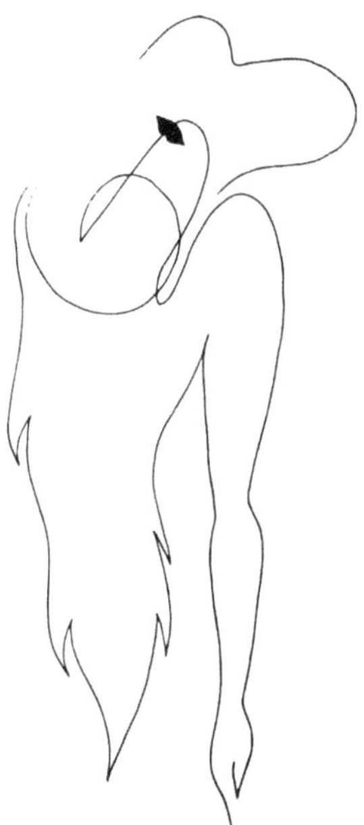

El escritor amplía
sus períodos de tristeza
porque aspira a crear
un dolor mejor.

Por qué me gusta estar triste.

Para vivir hace falta
más que un corazón.

A veces hace falta otro.

Un desconocido te regaló
unos pendientes de unicornio
y entonces comprendí
que no sabía nada de ti.

Nunca supe tu nombre,
no el que figura en tu DNI,
sino aquel que se susurra al oído
cuando se hace el amor.
Nunca fuiste perfecta;
tú eras exacta.
Tenías una forma
de peinarte y no otra,
una forma de coger
el tenedor y no otra.
Yo te quería de todas las formas
habidas y por haber,
como si pegando tiros al cielo
pudiera matar una nube.
Pero el amor es una herida
que nunca sana del todo.

El amor es una cicatriz
con ventanas al interior.

No te voy a mentir,
fue bonito mientras curó.

Sé que el amor de mi vida
no tiene por qué ser
la persona con la que comparta
todos los años que me quedan,
porque tú no estás conmigo,
porque te marchaste hace veinte años,
porque me abandonaste a mi suerte,
porque ambos sabemos
que la suerte fue conocerte
y poder decirle a todas
las mujeres de mi vida
que ninguna será como tú
y yo nunca seré con ellas
todo lo que era contigo.

Para el amor de mi vida.

Sé que ya no estás
porque mi piel ya no es tan larga
como lo era contigo,
porque me abrazo
como tú me abrazabas
pero no es lo mismo,
no me siento tan seguro
como lo estaba en tus brazos.

Para amar hay que abrazar.

Tiempo
es lo único
que me pediste.
Tiempo
es algo
que no se recupera.
Tú y yo
hemos perdido ya
demasiado tiempo.

A veces el dónde
define muy bien el cómo.
Estar sin ti también es un lugar.

Tú eras la única despedida
a la que no quería llegar.

No me duele
que me hablen de ti.
Saber de ti es mejor
que no saber nada.
Nadie me pregunta
si te he superado
porque todos saben
que no quiero superarte.
No todos queremos vivir
historias de superación.

Supera tú lo nuestro.

Me estás rompiendo
como si fuera papel de regalo,
pero lo que hay debajo de mi piel
no es ninguna sorpresa.

Unboxing de un corazón roto.

No puedo girar mi cuerpo.
No puedo girar mi cuerpo.
No puedo girar mi cuerpo
o me daré cuenta entonces
de que ya te has marchado.

La cama sin ti.

He estado ardiendo
este largo invierno.
Dentro de mi cuerpo
todavía huele a quemado
porque te lo he perdonado todo
pero nada he olvidado.
He estado ardiendo
este largo invierno
en el que me has abandonado.

¿Cómo le explico al médico
que el corazón que me duele
no es el mío?

Tengo el corazón lleno
de personas que me han abandonado.

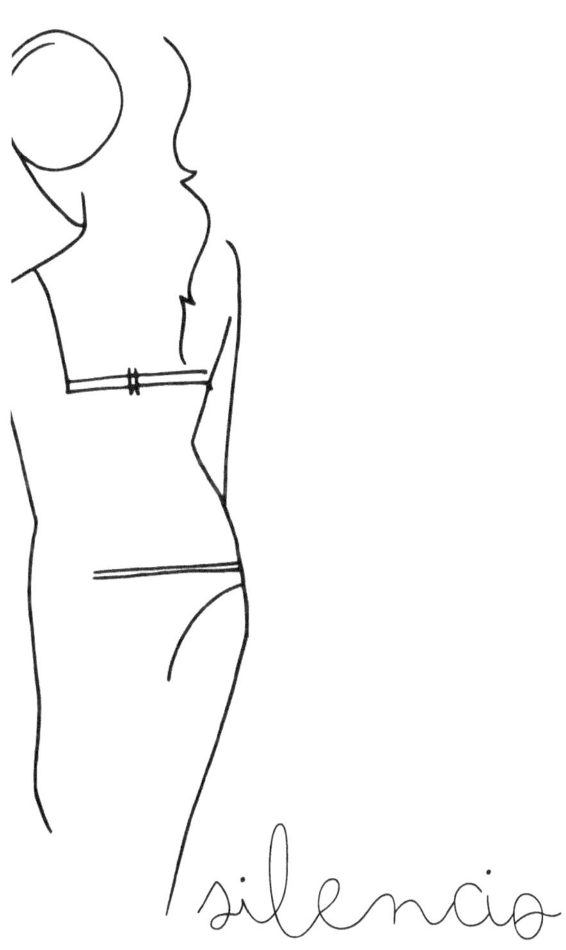
silencio

El dolor no tiene por qué hacer ruido.
Por eso mucha gente no se entera
del daño que nos hacen.

El silencio
también es
una respuesta.

No me gusta la gente
que solo me quiere
por mi felicidad.
Todavía me queda
mucha tristeza por dar.

Los héroes no escriben
notas de despedida.

adiós.

Cuando llegue el día
en el que nos volvamos a ver
podremos compartir nuestros recuerdos
con la risa suelta y el corazón abierto.
Cuando llegue ese día,
yo seré más viejo y cansado
y tú más guapa de lo que recordaba.
El tiempo pasará entre nosotros,
nos enamoraremos de otras personas
y romperemos viejos juramentos,
seremos más sabios porque sabremos
que nuca supimos nada,
solo éramos dos jóvenes
locos y enamorados,
perfectamente equivocados
e incomprensiblemente unidos.
Cuando llegue el día
en el que nos volvamos a ver
tú mantendrás intacto tu humor
y yo te leeré todos los poemas rotos
que habré escrito en tu ausencia.

Cuando ese día llegue
y ten fe en en que va a llegar,
yo pondré todo mi corazón
en volver a verte
y tú darás el tuyo
por verme de nuevo.

Mientras esperamos a ese día,
permíteme hoy romper contigo,
porque eres tan perfecta como
imaginaré siempre, porque
yo no merezco esta felicidad
sin fisuras ni arañazos,
porque te he hecho mucho daño,
más del que puedo soportar,
porque no es el momento,
aunque sí seamos nosotros

*cuando llegue el día
en el que volvamos a vernos.*

Ya no me olvidas
como antes.

Tú no. Yo tampoco.

El amor es algo
que empezamos juntos
y que nunca terminamos.

No lo busques en otra piel.
Siempre estará en la mía.

Recuérdalo:
yo escribo los poemas.
Tú eres *El Libro*.

Amar después de leer.

*A todas las mujeres
que me rompieron el corazón.*

*A Sara,
porque me dio uno nuevo.*

9 788409 019045